Mijn tweetalige prentenboek
Min tospråklige bildebok

Sefa's mooiste kinderverhalen in één bundel

Ulrich Renz • Barbara Brinkmann:

Slaap lekker, kleine wolf · Sov godt, lille ulv

Voor kinderen vanaf 2 jaar en ouder

Cornelia Haas • Ulrich Renz:

Mijn allermooiste droom · Min aller fineste drøm

Voor kinderen vanaf 2 jaar en ouder

Ulrich Renz • Marc Robitzky:

De wilde zwanen · De ville svanene

Een sprookje naar Hans Christian Andersen

Voor kinderen vanaf 5 jaar en ouder

© 2024 by Sefa Verlag Kirsten Bödeker, Lübeck, Germany. www.sefa-verlag.de

Special thanks to Paul Bödeker, Freiburg, Germany

All rights reserved.

ISBN: 9783756304134

Lezen · Luisteren · Begrijpen

Slaap lekker, kleine wolf
Sov godt, lille ulv

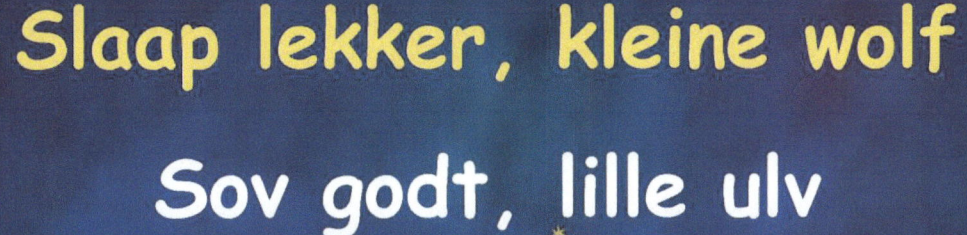

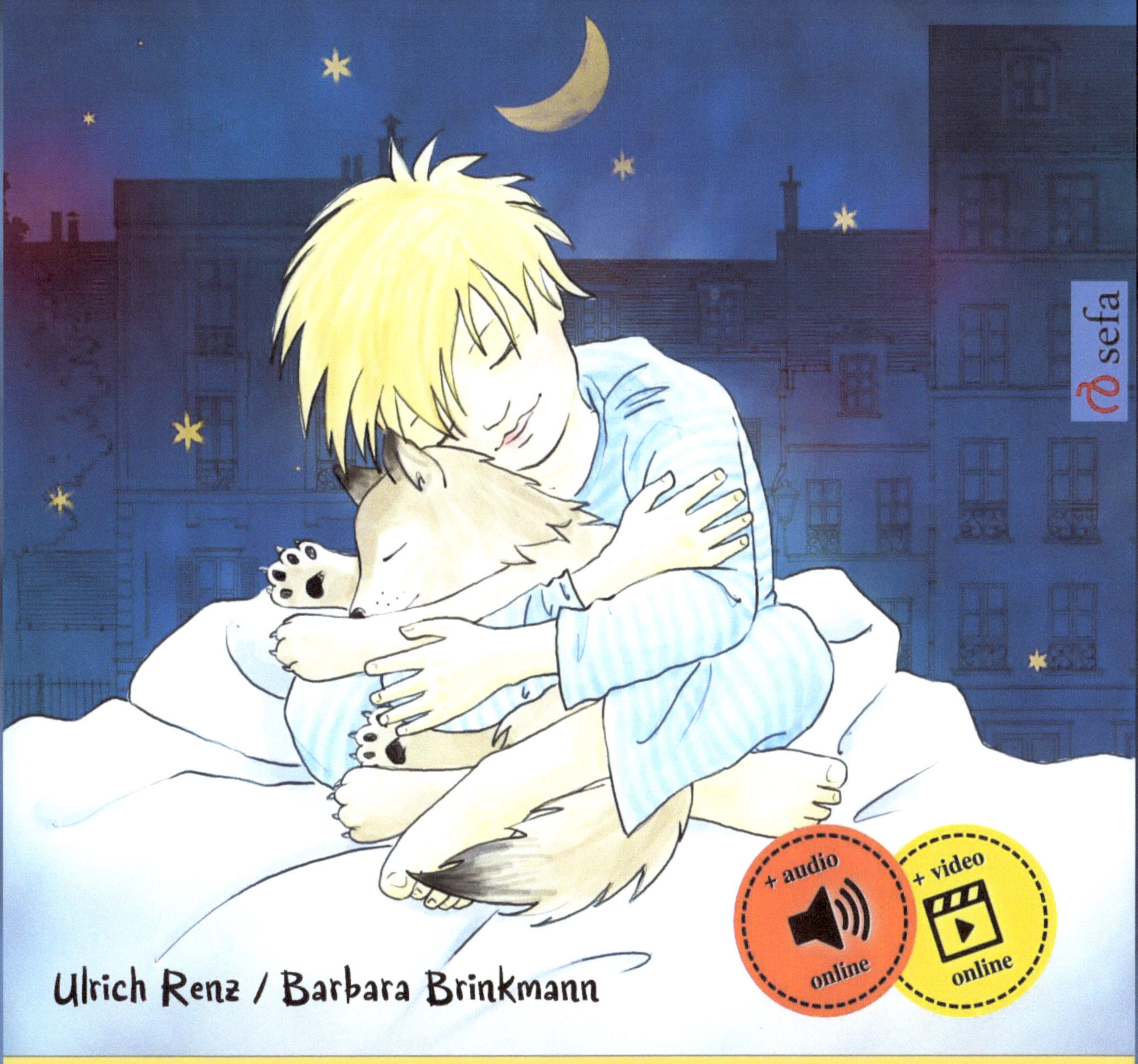

Ulrich Renz / Barbara Brinkmann

Nederlands — tweetalig — Noors

Vertaling:

Jonathan van den Berg (Nederlands)

David Immanuel Glathe (Noors)

Luisterboek en video:

www.sefa-bilingual.com/bonus

Gratis toegang met het wachtwoord:

Nederlands: **LWNL2321**

Noors: **LWNO2324**

Goedenacht, Tim! We zoeken morgen verder.
Voor nu slaap lekker!

God natt, Tim! Vi fortsetter å lete i morgen.
Sov godt nå!

Buiten is het al donker.

Utenfor er det allerede mørkt.

Wat doet Tim daar?

Hva holder Tim på med der?

Hij gaat naar de speeltuin.
Wat zoekt hij daar?

Han går ut til lekeplassen.
Hva leter han etter?

De kleine wolf!

Zonder hem kan hij niet slapen.

Lille ulv!

Uten den kan han ikke sove.

Wie komt daar aan?

Hvem er det som kommer der?

Marie! Ze zoekt haar bal.

Marie! Hun leter etter ballen sin.

En wat zoekt Tobi?

Og hva er det Tobi leter etter?

Zijn graafmachine.

Gravemaskinen sin.

En wat zoekt Nala?

Og hva er det Nala leter etter?

Haar pop.

Dukken sin.

Moeten de kinderen niet naar bed?
De kat is erg verwonderd.

Burde ikke barna vært i seng?
Katten undrer seg.

Wie komt er nu aan?

Hvem er det som kommer der?

De mama en papa van Tim!
Zonder hun Tim kunnen zij niet slapen.

Mammaen og pappaen til Tim!
De får ikke sove uten Tim-en sin.

En er komen nog meer! De papa van Marie.
De opa van Tobi. En de mama van Nala.

Og der kommer det enda flere! Marie sin pappa.
Tobis bestefar og Nala sin mamma.

Nu snel naar bed!

Nå er det rett til sengs!

Goedenacht, Tim!
Morgen hoeven we niet meer te zoeken.

God natt, Tim!
I morgen trenger vi ikke lete likevel.

Slaap lekker, kleine wolf!

Sov godt, lille ulv!

Cornelia Haas • Ulrich Renz

Mijn allermooiste droom
Min aller fineste drøm

Vertaling:

Gino Morillo Morales (Nederlands)

Werner Skalla, Jan Blomli, Petter Haaland Bergli (Noors)

Luisterboek en video:

www.sefa-bilingual.com/bonus

Gratis toegang met het wachtwoord:

Nederlands: **BDNL2321**

Noors: **BDNO2324**

Mijn allermooiste droom

Min aller fineste drøm

Cornelia Haas · Ulrich Renz

Nederlands — tweetalig — Noors

Lulu kan niet slapen. Alle anderen zijn al aan het dromen – de haai, de olifant, de kleine muis, de draak, de kangoeroe, de ridder, de aap, de piloot. En het leeuwenwelpje. Zelfs de beer heeft moeite om zijn ogen open te houden …

Hé beer, neem je me mee in je dromen?

Lulu får ikke sove. Alle andre drømmer allerede – haien, elefanten, den lille musa, dragen, kenguruen, ridderen, apen, piloten. Og løveungen. Til og med bamsen kan nesten ikke holde øynene åpne …

Du bamse, kan du ta meg med inn i drømmen din?

En zo bevindt Lulu zich in berendromenland. De beer is vissen aan het vangen in Meer Tagayumi. En Lulu vraagt zich af: wie woont daarboven in de bomen?

Wanneer de droom voorbij is, wil Lulu nog meer beleven. Kom mee, laten we de haai bezoeken! Wat zou hij nu dromen?

Og med det er Lulu allerede i bamsenes drømmeland. Bamsen fanger fisk i Tagayumisjøen. Og Lulu lurer på hvem som bor der oppe i trærne?
Når drømmen er over, vil Lulu oppleve enda mer. Bli med, vi skal hilse på haien! Hva drømmer han om?

De haai speelt tikkertje met de vissen. Eindelijk heeft ook hij vrienden!
Niemand is bang voor zijn scherpe tanden.
Wanneer de droom voorbij is, wil Lulu nog meer beleven. Kom mee, laten we de olifant bezoeken! Wat zou hij nu dromen?

Haien leker sisten med fiskene. Endelig har han venner! Ingen er redde for de spisse tennene hans.
Når drømmen er over, vil Lulu oppleve enda mer. Bli med, vi skal hilse på elefanten! Hva drømmer han om?

De olifant is zo licht als een veertje en kan vliegen! Hij staat op het punt om te landen in de hemelse weide.

Wanneer de droom voorbij is, wil Lulu nog meer beleven. Kom mee, laten we de kleine muis bezoeken! Wat zou zij nu dromen?

Elefanten er lett som en fjær og kan fly! Snart lander han på skyene.
Når drømmen er over, vil Lulu oppleve enda mer. Bli med, vi skal hilse på den lille musa! Hva drømmer hun om?

De kleine muis is naar de kermis aan het kijken. De achtbaan vindt ze het leukste.
Wanneer de droom voorbij is, wil Lulu nog meer beleven. Kom mee, laten we de draak bezoeken! Wat zou hij nu dromen?

Den lille musa ser seg om på tivoli. Hun liker best berg- og dalbanen. Når drømmen er over, vil Lulu oppleve enda mer. Bli med, vi skal hilse på dragen! Hva drømmer han om?

De draak heeft dorst van al het vuurspugen. Hij zou graag het hele limonademeer leegdrinken.
Wanneer de droom voorbij is, wil Lulu nog meer beleven. Kom mee, laten we de kangoeroe bezoeken! Wat zou zij nu dromen?

Dragen er tørst etter å ha sprutet ild. Helst vil han drikke opp hele sjøen med brus.
Når drømmen er over, vil Lulu oppleve enda mer. Bli med, vi skal hilse på kenguruen! Hva drømmer han om?

De kangoeroe springt door de snoepfabriek en vult haar buidel. Nog meer gummibeertjes! En drop! En chocolade!
Wanneer de droom voorbij is, wil Lulu nog meer beleven. Kom mee, laten we de ridder bezoeken! Wat zou hij nu dromen?

Kenguruen hopper gjennom godterifabrikken og stapper pungen sin full. Enda flere av de blå dropsene! Og enda flere kjærlighet på pinne! Og sjokolade!

Når drømmen er over, vil Lulu oppleve enda mer. Bli med, vi skal hilse på ridderen! Hva drømmer han om?

De ridder is bezig met een taartgevecht met de prinses van zijn dromen.
Oeps! De slagroomtaart gaat ernaast!
Wanneer de droom voorbij is, wil Lulu nog meer beleven. Kom mee, laten we de aap bezoeken! Wat zou hij nu dromen?

Ridderen er i kakekrig mot drømmeprinsessen sin. Oi! Kremkaken bommer!
Når drømmen er over, vil Lulu oppleve enda mer. Bli med, vi skal hilse på apen! Hva drømmer han om?

Eindelijk is er sneeuw gevallen in Apenland. De hele groep apen is door het dolle heen. Het is een echte apenkooi.
Wanneer de droom voorbij is, wil Lulu nog meer beleven. Kom mee, laten we de piloot bezoeken! Wat zou hij nu dromen?

Endelig har snøen kommet til apelandet! Hele apegjengen er ute og gjør apestreker.

Når drømmen er over, vil Lulu oppleve enda mer. Bli med, vi skal hilse på piloten! I hvilken drøm har han landet?

De piloot vliegt verder en verder. Naar het einde van de wereld en nog verder, helemaal tot aan de sterren. Geen andere piloot heeft dat ooit gedaan. Wanneer de droom voorbij is, is iedereen al heel moe en willen ze niet meer zo veel beleven. Maar toch willen ze het leeuwenwelpje nog bezoeken. Wat zou zij nu dromen?

Piloten flyr og flyr. Til verdens ende, og videre helt til stjernene. Ingen pilot har klart dette før ham.

Når drømmen er over, er alle veldig trøtte og vil ikke oppleve så mye mer.

Men løveungen vil de likevel hilse på. Hva drømmer han om?

Het leeuwenwelpje heeft heimwee en wil terug naar haar warme, knusse bed.
Dat willen de anderen ook.

En daar begint ...

Løveungen har hjemlengsel og vil tilbake til den varme, deilige senga si.
Det vil de andre også.

Og da begynner …

... Lulu's allermooiste droom.

... Lulus
aller fineste drøm.

Ulrich Renz • Marc Robitzky

De wilde zwanen

De ville svanene

Vertaling:

Christa Kleimaker (Nederlands)

Ursula Johanna Aas (Noors)

Luisterboek en video:

www.sefa-bilingual.com/bonus

Gratis toegang met het wachtwoord:

Nederlands: **WSNL2121**

Noors: **WSNO2324**

Ulrich Renz · Marc Robitzky

De wilde zwanen

De ville svanene

Een sprookje naar

Hans Christian Andersen

Nederlands — tweetalig — Noors

Er waren eens twaalf koningskinderen – elf broers en een grote zus, Elisa. Ze leefden gelukkig in een prachtig kasteel.

Det var en gang tolv kongsbarn – elleve brødre og en storesøster. Hun het Elisa. De levde lykkelig i et vidunderlig slott.

Op een dag stierf hun moeder en een poosje later trouwde de koning opnieuw. Maar de nieuwe vrouw was een boze heks. Ze toverde de elf prinsjes om in zwanen en stuurde ze naar een vreemd land heel ver weg, aan de andere kant van het grote bos.

En dag døde moren, og en stund senere giftet kongen seg på nytt. Men den nye konen var en ond heks. Hun forhekset de elleve prinsene til svaner og sendte dem langt av gårde, til et fjernt land på den andre siden av den store skogen.

Ze kleedde het meisje in vodden en smeerde haar een zalfje op het gezicht dat haar zo lelijk maakte dat zelfs haar eigen vader haar niet meer herkende en haar uit het kasteel verjaagde. Elisa rende het donkere bos in.

Jenta kledde hun i filler og smurte ansiktet hennes inn med en stygg salve, slik at hennes egen far ikke lenger kjente henne igjen og jaget henne ut fra slottet. Elisa løp inn i den mørke skogen.

Nu was ze helemaal alleen, en verlangde in het diepst van haar ziel naar haar verdwenen broers. Toen de avond viel maakte ze onder de bomen een bed van mos.

Nå var hun helt alene og lengtet av hele sitt hjerte etter sine forsvunne brødre. Da det ble kveld, lagde hun seg en seng av mose under trærne.

De volgende ochtend kwam ze bij een stille vijver en schrok ze toen ze daarin haar eigen spiegelbeeld zag. Maar nadat ze zich had gewassen, was ze het mooiste koningskind onder de zon.

Neste morgen kom hun til en blikkstille innsjø og ble forskremt da hun så speilbildet sitt i vannet. Etter at hun hadde fått vasket seg, ble hun det vakreste kongsbarn på jorden.

Na vele dagen bereikte Elisa de grote zee. Op de golven schommelden elf zwanenveren.

Etter mange dager kom hun fram til havet. På bølgene gynget elleve svanefjær.

Toen de zon onderging, ruisde er iets in de lucht en elf wilde zwanen landden op het water. Onmiddellijk herkende Elisa haar elf betoverde broers. Maar omdat ze de zwanentaal spraken, kon zij hen niet verstaan.

Ved solnedgang kjentes et brus i luften, og elleve ville svaner landet på vannet. Elisa gjenkjente sine forheksede brødre med en gang. Men fordi de bare snakket svanespråket, kunne hun ikke forstå dem.

Overdag vlogen de zwanen weg, maar 's nachts vlijden de broers en zus zich in een grot tegen elkaar aan.

In een nacht had Elisa een vreemde droom: Haar moeder vertelde haar hoe ze haar broers kon bevrijdden. Ze moest voor iedere zwaan een hemdje van brandnetels breien en het dan over hem heen werpen. Tot die tijd mocht ze geen woord spreken, want anders zouden de broers sterven.
Elisa ging gelijk aan het werk. Hoewel haar handen brandden als vuur, breide ze onvermoeid door.

Om dagen fløy svanene bort, men om natten krøp alle søsknene tett sammen i en grotte.

En natt drømte Elisa noe merkelig: Moren hennes fortalte henne hvordan hun kunne befri brødrene sine. Av brennesle skulle hun strikke en skjorte til hver svane og kaste dem over dem. Men fram til da måtte hun ikke si et eneste ord, ellers ville brødrene hennes dø.
Elisa startet å arbeide med en gang. Selv om hendene hennes sved som ild, strikket hun iherdig videre.

Op een dag klonken er in de verte jachthoorns. Een prins met zijn gevolg kwam aangereden en stond al snel voor haar. Toen ze elkaar in de ogen keken, werden ze verliefd.

En dag lød det jakthorn i det fjerne. En prins kom ridende med følget sitt, og om ikke lenge sto han foran henne. De ble forelsket i hverandre ved første blikk.

De prins tilde Elisa op zijn paard en reed met haar naar zijn kasteel.

Prinsen løftet Elisa opp på hesten sin og red med henne til slottet sitt.

De machtige schatbewaarder was over de aankomst van het stomme meisje helemaal niet blij. Zijn eigen dochter zou de bruid van de prins moeten worden.

Den mektige skattmesteren var ikke særlig begeistret for den tause skjønnhetens ankomst. Han hadde tenkt seg sin egen datter som brud for prinsen.

Elisa was haar broers niet vergeten. Iedere avond werkte ze verder aan de hemdjes. Op een nacht sloop ze naar het kerkhof om verse brandnetels te plukken. Daarbij had de schatbewaarder haar in het geheim gade geslagen.

Elisa hadde ikke glemt brødrene sine. Hver kveld jobbet hun videre med skjortene. En natt gikk hun ut på kirkegården for å hente frisk brennesle. Skattmesteren hold øye med henne i skjul.

Zodra de prins op jacht was, liet de schatbewaarder Elisa in de kerker gooien. Hij beweerde dat zij een heks was die 's nachts andere heksen ontmoette.

Straks prinsen var på en jaktutflukt, kastet skattmesteren Elisa i en celle. Han påsto at hun var en heks, som møtte andre hekser om natten.

Bij het aanbreken van de dag werd Elisa door de bewakers opgehaald. Ze zou op de markt worden verbrand.

I grålysningen neste morgen ble Elisa hentet av vaktene. Hun skulle bli brent på torget.

Nauwelijks waren ze daar aangekomen toen plotseling elf witte zwanen aangevlogen kwamen. Snel gooide Elisa iedere zwaan een brandnetel-hemdje over. Al gauw stonden al haar broers als mensen voor haar. Alleen de kleinste, wiens hemdje nog niet helemaal klaar was, had nog een vleugel in plaats van een arm.

Bålet brant allerede lystig da elleve svaner plutselig kom flygende. Fort kastet Elisa en skjorte over hver av dem. Snart sto alle brødrene foran henne, forvandlet tilbake som mennesker igjen. Bare den minste hadde en vinge istedenfor en arm siden skjorten hans ikke hadde blitt helt ferdig.

Het omhelzen en kussen van de broers en zus was nog niet afgelopen toen de prins terugkeerde. Eindelijk kon Elisa hem alles uitleggen. De prins liet de boze schatbewaarder in de kerker gooien. En daarna werd er zeven dagen lang bruiloft gevierd.

En ze leefden nog lang en gelukkig.

Mens søsknene klemte og kysset hverandre, kom prinsen tilbake. Endelig kunne Elisa forklare ham alt sammen. Prinsens lot den onde skattmesteren settes i fengsel. Deretter feiret de bryllup syv dager til ende.

Og er de ikke døde, så lever de ennå.

Hans Christian Andersen

Hans Christian Andersen werd 1805 in de Deense stad Odense geboren en overleed in 1875 te Kopenhagen. Door de sprookjes zoals "De kleine zeemeermin", "De nieuwe kleren van de keizer" of "Het lelijke eendje" werd hij wereldberoemd. Dit sprookje, "De wilde zwanen", werd voor het eerst in 1838 gepubliceerd. Het werd sindsdien in meer dan honderd talen vertaald en in vele versies o.a. ook voor het theater, film en musical bewerkt.

Barbara Brinkmann werd geboren in 1969 in München (Duitsland). Ze studeerde architectuur in München en is momenteel werkzaam bij de faculteit Bouwkunde van de Technische Universiteit van München. Ze werkt ook als grafisch ontwerper, illustrator en auteur.

Cornelia Haas werd geboren in 1972 in Ichenhausen bij Augsburg (Duitsland). Ze studeerde design aan de Hogeschool van Münster, waar ze als ontwerpster afstudeerde. Sinds 2001 illustreert ze boeken voor kinderen en jongeren en sinds 2013 doceert ze acryl- en digitale schilderkunst aan de Hogeschool Münster.

Marc Robitzky, geboren in 1973, studeerde aan de technische kunstschool in Hamburg en de Academie voor Beeldende Kunsten in Frankfurt. Hij werkte als zelfstandig illustrator en communicatie designer in Aschaffenburg (Duitsland).

Ulrich Renz werd geboren in 1960 in Stuttgart (Duitsland). Hij studeerde Franse literatuur in Parijs en geneeskunde in Lübeck, waarna hij als directeur van een wetenschappelijke uitgeverij werkte. Vandaag de dag is Renz freelance auteur en schrijft hij naast non-fictie ook boeken voor kinderen en jongeren.

Hou je van tekenen?

Hier vindt je alle illustraties van het verhaal om in te kleuren:

www.sefa-bilingual.com/coloring

www.ingramcontent.com/pod-product-compliance
Lightning Source LLC
LaVergne TN
LVHW070442080526
838202LV00035B/2702